THE SONNET OF PUERTO RICO

EL SONETO BORINCANO

THE SONNET OF PUERTO RICO

EL SONETO BORINCANO

Eddie Morales

ISBN: 193809400X

ISBN   13:   9781938094002

This book is dedicated

To my son, Peter

and

*To all the Taínos of Puerto Rico
and the World*

Este libro es dedicado

A mi hijo, Peter

y

*A todos los Taínos de Puerto Rico
y el Mundo Entero*

Contents   Contenido

Introduction

When I first set out to write this book of poems my intention was simply to create, as an aficionado of the sonnet, something for Puerto Rico based on the form. England has its English (Shakespearean) and Spenserian sonnets, Italy has its Italian or Petrarchan sonnet, and Spain has its Spanish sonnet. Therefore, I wanted to create a Puerto Rican sonnet, but create it from something familiar to Puerto Ricans.

As I searched for the key ingredient to the sonnet I wanted to create I recalled writing a poem in English based on a known Puerto Rican style of singing in verse which is called a *décima*, or *tenth*, the name derived from the fact that the form has ten lines. The *décima* also has four stanzas and is sung as a duel between singers whereby one singer starts with one verse and his opponent replies with his own verse, until finally each has sung his or her four stanzas.

What makes this form fascinating for me is that you do not write the song first and then sing it but make up the song as you go along. The topic for the *controversy*, as this duel is called, is randomly selected moments before the two individuals are to start singing. As for the meter, it is mostly in *trochaic tetrameter*, and the rhyme scheme is as follows:

a-b-b-a-a-c-c-d-d-c

Furthermore, to make this form more interesting, the last line of each of the four stanzas must be the same and is determined by the first person to sing. This is a form difficult to master, but many singers in Puerto Rico, and elsewhere, have perfected this art form.

There are three requirements a poetic form needs to be considered a sonnet. One requirement is that it must be in *iambic pentameter*. The second is that it must have fourteen lines. The third requires a specific rhyme scheme that identifies the form. Below are the names of the four sonnet forms I mentioned, and the rhyme scheme that identifies each one.

Shakespearian: a-b-a-b-c-d-c-d-e-f-e-f-g-g

Spenserian: a-b-a-b-b-c-b-c-c-d-c-d-e-e

Petrarchan: a-b-b-a-a-b-b-a-c-d-e-c-d-e

Spanish: a-b-b-a a-b-b-a c-d-c d-c-d

In these four examples, anyone who knows the sonnets will be able to easily name the sonnet form. It is to these four examples that I will add my sonnet.

Going back to the *décima*, I changed the *trochaic tetrameter* meter to *iambic pentameter*, thereby meeting one of the three requirements for a sonnet. Then, I addressed the matter of the rhyme scheme by starting with the ten lines of the *décima* form and extending it by adding *c-e-e-c* to the end of it, which simultaneously adds the third element of a sonnet, the fourteen lines. The following rhyme scheme in *iambic pentameter* is the Puerto Rican sonnet I wanted to create. The Puerto Rican sonnet is as follows:

a-b-b-a-a-c-c-d-d-c-c-e-e-c

2

This sonnet can also be written as:

a-b-b-a-a c-c-d-d-c c-e-e-c

This makes the form more unique to Puerto Rico, but I will proceed in this book with: a-b-b-a-c-c-d-d-c-c-e-e-c.

Once I had my Puerto Rican sonnet completed I thought I would like to write a book of poems using this form and write my sonnets depicting the history of Puerto Rico. In other words, the history of Puerto Rico in poetry, using my newly created sonnet. Now, I needed to do some research.

I sent away for numerous books on the history of Puerto Rico, books of poetry by Puerto Rican poets, books about the Taínos, books about Christopher Columbus, and whatever else I could find, including a book about the Taíno gods. Once I gathered my books and started to read them, the direction of my book of poetry for Puerto Rico changed. The Columbus I was reading about was not the Columbus I read about in school books.

In my bibliography, there is one book, among others, that is the most damaging to our knowledge of Christopher Columbus, and details the actions of a man totally opposite to the one we read about. The book is by the friar who kept track and wrote down the exploits of Columbus and his men, Bartolomé de las Casas, in his book, *A Short Account of the Destruction of the Indies,* edited and translated by Nigel Griffin, available from Penguin Books.

From 1493 through 1520, Christopher Columbus and the Spaniards wiped out about ninety percent of the peaceful Taínos which inhabited the islands of Jamaica, Cuba, Haiti/Dominican Republic, and finally, Puerto Rico. Included in this near genocide of the Taínos were the Indians of the Bahamas and neighboring islands. Disease alone killed around two-thirds of the indigenous Taíno populations, leaving the rest of the natives at the mercy of Columbus and his men. For me, Christopher Columbus went from hero to villain.

Therefore, I decided instead to tell the short story of the Taíno Indians of Puerto Rico, and their story is told in the mere thirty-five poems I wrote, and I decided to write a Spanish version of each English poem. A bilingual reader will benefit the most from this book, getting twice as much from the poems, being able to read them in Spanish as well as in English. Most of the Spanish poems will add more to the story of the Taíno.

Introducción

Cuando por primera vez me puse a escribir este libro de poemas mi intención fue simplemente crear, como un aficionado del soneto, algo similar para Puerto Rico. Inglaterra tiene sus sonetos ingleses de William Shakespeare y Edmund Spenser, Italia tiene su soneto italiano o petrarquista, y España tiene su soneto español. Por lo tanto, quería crear un soneto para Puerto Rico, pero crearlo a partir de algo familiar a los puertorriqueños.

Mientras buscaba el ingrediente clave para el soneto que quería crear, recordé que habia escrito un poema en inglés basado en un estilo conocido en Puerto Rico. Es un estilo de música que se llama *décima*, y el nombre se deriva del hecho de que la forma tiene diez líneas. La décima también tiene cuatro estrofas y se canta como un duelo entre dos cantantes por el cual un cantante comienza con un verso y su oponente responde con su propio verso, hasta que finalmente cada uno ha cantado sus cuatro estrofas.

Lo que hace esta forma fascinante para mí es que no se escribe la canción primero para despues cantarla, si no que se improvisa al instante. El tema de la *controversia*, ya que este duelo se llama asi, se selecciona momentos antes de que los dos individuos han de empezar a cantar. En cuanto al metro, es principalmente en *tetrámetro trocaica*, y el esquema de la rima es la siguiente:

a-b-b-a-a-c-c-d-d-c

Además, para hacer más interesante esta forma, la última línea de cada una de las cuatro estrofas es la misma y está determinada por el primer cantante a terminar su primera estrofa. Esta es una forma difícil de dominar, pero muchos cantantes en Puerto Rico, y en otros países hispanos, han perfeccionado este arte.

Hay tres requisitos de esta forma poética que tiene que existir para ser considerado como un soneto. Uno de los requisitos es que tiene que estar en *pentámetro yámbico*. La segunda es que debe tener catorce líneas. La tercera requiere que debe tener un esquema de la rima específico que identifica el soneto. A continuación, les presento los nombres de las cuatro formas de sonetos que he mencionado, y el esquema de la rima que identifica a cada uno.

Inglés (Shakespeare): a-b-a-b-c-d-c-d-e-f-e-f-g-g
Inglés (Spenser)   a-b-a-b-b-c-b-c-c-d-c-d-e-e
Italiano (Petrarca): a-b-b-a-a-b-b-a-c-d-e-c-d-e
Soneto Español: a-b-b-a a-b-b-a c-d-c d-c-d

En estos cuatro ejemplos, cualquiera que conoce el esquema de la rima puede nombrar el soneto. Es a estos cuatro ejemplos que voy a añadir la forma del soneto que creé.

Volviendo a la décima, he cambiado el medidor *tetrámetro trocaica* a *pentámetro yámbico*, cumpliendo así con uno de los tres requisitos para un soneto. Entonces, me dirigí a la cuestión del esquema de la rima, comenzando con las diez líneas de la décima, mediante la simple adición de *c-e-e-c* al final de la décima, que al

6

mismo tiempo cumple con el tercer elemento de un soneto, las catorce líneas. El siguiente esquema de la rima en pentámetro yámbico es el soneto de Puerto Rico que quería crear. El soneto de Puerto Rico es el siguiente:

a-b-b-a-a-c-c-d-d-c-c-e-e-c

Este soneto también se puede escribir:

a-b-b-a-a　c-c-d-d-c　c-e-e-c

Esto hace que la forma sea más exclusiva como el soneto de Puerto Rico, pero se procederá en este libro con:

a-b-b-a-c-c-d-d-c-c-e-e-c

Una vez que tuve mi soneto de Puerto Rico completado pensé que me gustaría escribir un libro utilizando este formulario y escribir mis sonetos presentando la historia de Puerto Rico. En otras palabras, la historia de Puerto Rico en poesía, usando mi soneto de nueva creación. Ahora, lo que me faltaba era conocer mejor la historia de Puerto Rico.

Mande a buscar muchos libros sobre la historia de Puerto Rico, libros de poetas puertorriqueños, libros sobre el indio taíno, libros sobre Cristóbal Colón, y cualquier libro que pudiera encontrar, incluyendo un libro sobre los dioses Taínos. Una vez obtenido los libros, empecé a leerlos, y la dirección de mi libro de poemas para Puerto Rico cambió. El Colón presentado en los libros que estaba leyendo no fue el Colón en los libros de texto cuando joven en la escuela secundaria.

En mi bibliografía, hay un libro, entre otros, que es el más perjudicial para nuestro conocimiento de Cristóbal Colón, y detalla las acciones de un hombre totalmente opuesta a la que habia leído. El libro del fraile que mantuvo un seguimiento y anotó la explotación de los Taínos por Colón y los españoles, el fraile Bartolomé de las Casas, en su libro, *A Short Account of the Destruction of the Indies* [Brevísima relación de la Destrucción de las Indias] editado y traducido por Nigel Griffin, disponible de Penguin Books.

Entre los años 1493 y 1520, Cristóbal Colón y los españoles acabaron con aproximadamente el noventa por ciento de los Taínos que habitaban las islas de Jamaica, Cuba, Haití / República Dominicana, y finalmente, Puerto Rico. Se incluyen en este casi genocidio de los Taínos a los indios de las Bahamas y las islas vecinas. Enfermedad por sí sola mató a alrededor de dos tercios de las poblaciones indígenas, dejando el resto de los nativos a la merced de Colón y sus hombres. Para mí, Cristóbal Colón pasó de héroe a villano.

Por lo tanto, me decidí a relacionar la breve historia de la rasa Taíno de Puerto Rico, y su historia se cuenta en los apenas treinta y cinco poemas que escribí, y el lector bilingüe será más beneficiado por este libro con ser capaz de leer los poemas en español, así como en inglés. La mayor parte de los poemas en español le añadirá un poco más a la historia de los Taínos, y viceversa.

THE SONNET OF PUERTO RICO

EL SONETO BORINCANO

The Birth of an Island Yet Unnamed

There was a time when beauty lived below
The sea where God hid pearls for his own eyes,
And in His wisdom He bid one to rise
So both the sun and moon would come to know
Another heaven which from mountains grow.
From out the foaming depths arose this land,
Caressed and shaped by His almighty hand,
And on the face of this enchanted isle
His breath of life gave all the earth its smile.
The sacred palm trees rose, as He had planned,
To grace the shores along the miles of sand,
And thusly, Eden had its birth anew,
Where came divinity to all that grew,
And all which was to come by His command.

The islands of the Caribbean await their new inhabitants,
the Taínos, who are en route, fleeing the cannibals of
South America, avoiding confrontations with the Arawaks
and Caribs, hoping to find a place at sea, begging the
Orinoco River to safely carry them to a paradise seen only
in their dreams. They pass a long list of islands: Trinidad
and Tobago, The Grenadines, St. Lucia, Dominica,
Guadaloupe, St. Kitts, The Virgen Islands, to get to Puerto
Rico and beyond.

El Nacimiento de una Isla Sin Nombre

Contemplando perlas debajo del mar,
Dios, sapiente, elevó la más bella.
Más viva que luna, sol, o estrella,
el Gran Poder, escultor, logró formar
la isla que hijos llegaron nombrar.
Bello el bebé, frágil, inocente,
guiado por manos omnipotente;
liberado de su cuerpo materno
por el Gran Espíritu eviterno.
Sus ríos plateados, brisas caliente,
y por cierto su cara floreciente,
como las criaturas, llegaron ver
lo celestial sobre el mundo nacer,
por obra divina, alma paciente.

Las islas del Caribe esperan a sus nuevos habitantes, los
Taínos, que van en camino, huyendoles a los caníbales de
Sudamérica, evitando enfrentamientos con los Arahuacos
y Caribs, esperando encontrar un lugar en el mar,
rogándole al Río Orinoco que los lleve a salvo, a un paraíso
visto solo en sus sueños. Pasan por muchas islas: Trinidad
y Tobago, Las Granadinas, Santa Lucía, Dominica,
Guadalupe, St. Kitts, Las Islas Virgenes, para llegar al fin a
Puerto Rico y más allá.

The Invitation

No sea-borne beauty lies ignored for long,
For Nature's creatures to such bounty take,
To honor her, and from her gifts partake,
So all who come to greet her, fair and strong,
May hear the calling of her island song.
The palms embraced the wind, which moved the tide,
To send out musings which on breezes ride;
An invitation, Mother's call to home,
To those who favor pause on verdant loam.
Hibiscus, wild, along her countryside,
And Tamarind, in bloom, knelt down and cried,
For cherubs dream of such angelic things,
And this fair island lives on heaven's wings,
And none who love her will have love denied.

It is evidence of paradise in the Greater Antilles, with soft
breezes, swaying palm trees, inviting beaches, Hibiscus
proudly blooming, and Tamarind trees home to
nightingales, and earth as inviting to man as it is to the
angels in heaven.

La Invitación

No existe belleza ignorada
por hijo que a tal isla llega.
Es inevitable la entrega,
cuando, hermosura adorada—
quiere, como madre, ser amada.
Si los querubines, divinales,
sueñan de cosas angelicales,
esta isla con alas es sueño
entre nubes, rico y risueño.
Emocionante, playas naturales,
palmas, entre brisas tropicales,
llaman a todos que tienen vista,
y con amor la isla conquista
hasta los ángeles celestiales.

Es una prueba del paraíso en las Antillas Mayores, con brisas suaves, palmeras ondulantes, playas doradas, el hibisco floreciente, árboles de Tamarindo, hogares de los ruiseñores, y la tierra invitando al hombre tanto como invita a los ángeles del cielo.

To the Orinoco River

Your rapid waters, Orinoco, call
To me like palm trees call for soothing rain,
To wash away my tragedy and pain
Stirred up by Arawaks, Caribs, and all
Who would give chase, and thusly, death forestall.
Make swift my water craft, oh river sweet,
Thru days, thru nights, thru flood and Nature fleet.
For in my dreams I've seen an island face,
A beauty in a sea of heaven's grace,
That bids me go and soothe the summer heat,
Where all your kindred waters flow to meet
The land of gods. I will find comfort there,
Where Mother Atabey will quell despair,
And to mine enemies dispense defeat.

The Orinoco River is the way out, the salvation of the
Taíno race, the path to their destiny. The journey is a
perilous one, yet one that must be taken if they are to
survive. The Taínos rely on their gods, especially Atabey,
who birthed Yúcahu, the ruler of all that was, all that is,
and all that is to be. The Orinoco is the river Yúcahu wants
them to take. The Taínos trust their gods.

Al Río Orinoco

Con tus aguas rápidas busco rescate
de aquel hombre que busca matar hombre,
para que me lleves a la isla sin nombre,
que en mis sueños la muerte combate,
y que ahora, en mi pecho, su son me late.
Haz mi canoa una ave del mar,
veloz en mi apuro por pronto llegar
a esa isla de gran hermosura,
bendecida por Atabey, Madre Pura,
la diosa divina de mi humilde hogar.
Y espero, Orinoco, poder pasar
tranquilo y sano por tu camino,
para también cumplir con mi destino,
que dicen mis sueños esta en ese lugar.

El río Orinoco es la salida, la salvación de la raza Taíno, el
camino hacia su destino. El viaje es peligroso, pero
necesario si quieren sobrevivir. Los Taínos confían en sus
dioses, especialmente Atabey, madre de Yúcahu, el rey de
todo lo que era, de todo lo que es, y de todo lo que ha de
ser. El Orinoco es el río que Yúcahu quiere que ellos
tomen.

In the Eyes of the Taíno

Horizon! Found: beneath the climbing sun,
An isle whose beauty tempts the eyes of men;
So plays the heart, like children, once again,
And steers canoes, and souls, before day's done,
To rest them on her magic therein spun.
Supernal, brighter than the Sun's own light,
Adored and envied by the stars at night.
Mahogany, the palm, the kapok tree,
The forest rains, and Caribbean Sea
Entice the gulls, the parrots in their flight,
To make a nest in this enchanted site.
It is their Eden, blest, and full of grace,
The dream, the calm, the flame, and there the face,
To where all Seraphim, with joy, alight.

The Taínos arrive at their new island home. They have
been blessed by the gods and there is much to celebrate.
Life promises to be gentle and calm, away from the
warring tribes of South America, and they have no
enemies here. All they need is here.

En Los Ojos Del Taíno

Hallado: bajo sol, un tesoro,
belleza, y cazador de hombre;
buscando ser, y buscando nombre;
apodo, con valor más que oro,
imperativo en su decoro.
Más brillante que la luz del dia,
esplendor que le sirve de guía;
Tamarindo, la ceiba y palma,
el Mar Caribe en dulce calma,
a verde valles y serranías
invitan hijos, con alegría,
a este Eden, puro y bendito,
que en el cielo está escrito
Es jardín que el Taíno pedía.

Los Taínos llegan a su nueva isla. Han sido bendecidos por los dioses y hay mucho que celebrar. La vida promete ser suave y tranquila, lejos de las tribus belicistas de América del Sur, y no tienen enemigos aquí. Todo lo que necesitan está en la isla.

The Naming of an Island

Taíno, blood and wellborn child, what name
Will you give paradise? What name say you?
Is it what you have sailed so far to do?
Why you have suffered much to now proclaim?
The breezes sigh for you are both the same.
The clouds, your face will cleanse when they must cry;
The Sun your visage will restore when dry;
The Moon a vigil in the sky will keep
While in the bosom of your isle you sleep.
You are its kin, the sacred reason why
Your isle was born; do not its name deny,
And speak it proudly, loudly, "Borikén!"
The land of lords, of great and noble men!
Hail, Borikén, where you will live and die!

Paradise given any other name is still paradise, but the sons must still give their island a name worthy of both father and son, and that name is *Borikén*, which says it is as noble and great as the people who inhabit it. It is a good and hospitable name.

La Isla Nombrada Borikén

Taíno, sangre, tan bien nacido—
¿Qué nombre te dice paraíso?
¿Qué nombre te dice, "Dios te hizo?"
Que con su voz queda bendecido.
Dime, ¿Qué nombre has elegido?
Tú has sufrido para proclamar—
Borikén! Borikén! Poder gritar
hacia las nubes, entre las palmas,
A tus hermanos de buenas almas.
Así exige Borikén amar
todo lo que tu cuerpo vas a dar.
Y el fruto, que verás naciendo,
con tu sangre estará corriendo,
como corren ríos al ancho mar.

El paraíso dado otro nombre es todavía paraíso, pero los
habitantes deben todavía darle a su isla un nombre digno
de padre e hijo, y ese nombre es *Borikén*, que dice que es
tan noble y grande como los hijos que lo habitan. Es un
nombre bueno y hospitalario.

Borikén Island

Oh, Borikén, Taíno worship you!
They praise your name, to all their lords above,
In tribal songs of never ending love,
With child-like reverence, so pure and true,
And innocence in what they say and do.
Your Chiefs, and shamans, tribute to you make;
In peace, they cherish all you give and take.
You are the earthly Father to them all,
A home to all your offspring, great and small.
They seek your comfort, in their hearts they ache,
Awaiting gods who from the heavens break,
To come and take them to the holy sky,
Where spirits past will greet them when they die,
And in the after, of such joy partake.

The island natives live a peaceful life, hoping one day to
meet the gods who gave them their existence. The chiefs
and shamans rule with good intentions, welcoming visitors
from other islands as if they belonged to their island, ever
vigilant against warring tribes.

La Isla Borikén

Bello Borikén, tus hijos sí te adoran,
con gran amor, puro y verdadero,
que no existe duda es amor sincero,
que Madre Atabey sus Taínos aprecian,
y tus jefes y chamanes tributos te dan.
Tal como Yúcahu es el Rey Celestial,
para todos eres el oro terrenal,
que entre las aguas del dulce Caribe
bendición de los cielos tu cuerpo recibe,
y te llama el Taíno su tierra natal.
Eres como la lluvia a la flor esencial;
mi alma te doy, y mi vida es dichosa,
no existe isla que sea mas hermosa,
y ser hijo es mi orgullo, tierra paternal.

Los nativos de la isla viven una vida pacífica, con la esperanza de encontrar un día a los dioses que les dieron su existencia. Los jefes y los chamanes gobiernan con buenas intenciones, dando la bienvenida a visitantes de otras islas como si pertenecieran a su isla, pero siempre vigilante contra tribus en guerra.

The Approaching Storm

There is a darkness oncome from the sea,
Unlike the lightless moons that blacken sky;
And deeper comes this sunless fear to eye,
Where all your creatures seek to hide or flee,
As if some tragic consequence they see.
What can the ocean bring to snuff the light?
There must be reason why the gods incite
A curse to taint a garden paradise,
Some judgement culled for virtue's own demise,
So Borikén lies shaking in affright.
If ships exist that honor only night,
Then Spirit Mistress, Misty One, be clear,
And say we have not anything to fear,
That gods will come to save us from such plight.

You can feel it in your bones. The sun can be shining, the
sky clear, not a breeze in the air, and yet, one can get an
inexplicable foreboding. Some animals can sense these
things as well, and all one can do is wait, wait to see what
happens, if anything. Wait.

La Tormenta Que Se Acerca

Se acerca la prieta y feroz neblina
que llegará del mar con toda negrura,
el peligro fatal de cada criatura,
como una soga que al cuello domina,
o veneno, que al corazón contamina.
Consequencia tragíca, sin sol o luna,
si tienen los dioses razón alguna;
gran Virgen de Sueños, de revelación:
¿Porque a Borikén tan cruel maldición?
¿Serán los del mar nuestra mala fortuna?
Si no hay salvación, defensa ninguna,
mi vida entrego a cualquier crueldad,
y en cambio te pido que tengas piedad
del bebé inocente dormido en su cuna.

Puedes sentirlo en los huesos. El sol brillando, el cielo
claro, sin una brisa en el aire, y sin embargo, uno puede
obtener un mal presentimiento inexplicable. Algunos
animales pueden sentir estas cosas también, y todo lo que
uno puede hacer es esperar, esperar a ver qué pasa, si
pasa algo. Esperar.

An Old Taíno's Dream

Why did you, Spirit Mistress, send me dreams?
What devils there, I've seen, will do us harm,
That I cannot defend, with weakened arm,
My sacred palm-treed land and silver streams?
The gods know also cruelty it seems.
I see my blood run down the mountain land;
I see my blood across the golden sand;
I see my blood turn red the white of foam!
My blood, which stains my verdant steps of home.
Oh, Misty One, how can I make my stand
When I am ripe with age and death's at hand?
I'll say my faithful prayers just the same;
And I will bear the burden of this shame,
If death of mine is what the gods demand.

Dreams tell a story, whether it makes sense or not. Most
of the time you can't recall. Other times, vivid is the
dream of blood so hard to forget. Blood coursing through
your veins, blood as in family, blood being spilled, you and
family, drenched in and out.

El Sueño De Un Taíno Viejo

¿Madre Atabey, porqué me envias sueños,
que diablos veo que nos harán mucho mal?
El horror que viene no es natural,
contra tus leyes, los dioses, mis dueños,
y contra todos mis hermanos isleños.
Mi cuerpo es viejo, ya no tengo poder,
y verás mi sangre por mi tierra correr;
y correrá la sangre de fieles amores,
y la sangre de todos los buenos señores,
por manos de diablos que nos quieren vencer.
Poco me queda, ya no tengo amanecer,
y con la noche, llegará el Gran Olvido;
no me niegues lo que has prometido:
llevarme al cielo, y el terror detener.

Los sueños cuentan historias, aunque no tengan sentido.
La mayoría de las veces no se recuerdan. Otras veces, vivo
es el sueño de la sangre tan difícil de olvidar. Sangre
corriendo por tus venas, sangre como la de la familia,
sangre derramada, tú y tu familia, sangrando, adentro y
por fuera.

Westward Route to Borikén (Sept 25, 1493)

Colombo bravely to the west set sail.
Behind him, Cádiz, wishing well the tars,
Who savor ocean brine, and steer the stars
In solemn tribute to the twilight pale;
Who prayed the gracious will of God prevail,
For ten and seven ships the ocean bore.
In all, a five-and-seventy per score
Were crew and folk in search of land and gold,
And other riches by the stories told.
The deep Atlantic with its waves and roar
Had taken many to the ocean floor,
But twenty-one were good the sailing days,
And every sailor who gave God his praise
Received anew the bounty of a shore.

The hero prepares for his voyage. Cádiz cheers him on.
Seventeen ships carrying 1500 people take twenty-one
days to reach Puerto Rico. They set forth to do God's
bidding, for His glory and the glory of Spain, in the name of
King Ferdinand and Queen Isabella. The will of God and
the will of man should never be confused.

El Viaje de Colombo (Sept 25, 1493)

A la vela, Colombo, destino al oeste,
detrás, Cádiz, anhelando buen viaje,
y el tripulante con su marinaje,
a la fortuna bajo bóveda celeste,
buscaba el héroe riquezas del este.
Mar profundo, con sus olas y rugido,
seguro a tantos se habia consumido;
pero Niña, Pinta, y Santa María,
y catorce más, con estrellas de guía,
los mil quinientos habían sobrevivido.
El beneplácito de Dios conocido,
a los marineros, quienes gracias les dio,
de nuevo la tierra sus pies consiguió,
en el mar Caribe, Borikén bendecido.

El héroe se prepara para su viaje. Cádiz lo anima. Diecisiete barcos que transportan a 1500 personas tardan veintiún días en llegar a Puerto Rico. Se pusieron a hacer la voluntad de Dios, para Su gloria y la gloria de España, en el nombre del Rey Fernando y la Reina Isabela. La voluntad de Dios y la voluntad de los reyes nunca deben ser confundidos.

The Arrival of the Gods (Nov 19, 1493)

They steered and faced the shores of Borikén,
The gods, in great canoes of godly frame.
One, light of heaven—Yúcahu, by name,
As well as Guatu, god who gave to them
The fire to live, and warm the hearts of men.
Much family of gods, they came as well,
Atop the foaming waves that dip and swell,
In shining armor, a celestial skin,
To greet the sacred isle they'd call their kin,
To claim the land where all the angels dwell.
Colombo ordered, and the anchors fell,
But hidden, not one native would they see,
And for two days the ships kept watch at sea,
Then slighted sailed each ship and caravel.

Columbus arrives at the shores of the island the natives
call Borikén. They wait for two days and not one native
comes forth to greet them. Hispaniola is the real
destination, and Columbus decides to sail onward. The
island is named San Juan Bautista by Columbus. It is best
for a native to flee from a hurricane if he knows it is
coming.

La Llegada de Los Dioses (Nov 19, 1493)

Gran parte de los dioses, divinales,
que llegaron en lo alto de las olas,
despues de tantos dias y muchas horas,
a las costas de Borikén, los inmortales,
gracias dieron por hermosuras tropicales.
Colombo, (Yúcahu), dios adorado,
por su Reina y su Rey, autorizado,
le dio nombre a la isla observada,
San Juan Bautista sería llamada,
el que era Borikén, atesorado.
Los buques, por entero, observado,
los Taínos decidieron esconderse,
Y Colombo esperado en el Oeste
fue a la vela, otra ves, tan ignorado.

Colón llega a las costas de la isla que los nativos llaman
Borikén. Ellos esperan dos días y ni un nativo sale para
saludarlos. Hispaniola es el verdadero destino, y Colón
decide navegar hacia adelante, despues de nombrar la isla
San Juan Bautista. Es mejor para los nativos huir de un
huracán si saben que se acerca.

Columbus Sails to Hispaniola (Nov 22, 1493)

Two days have past and not a native sign,
While Hispaniola longs for me to come.
San Juan Bautista named, my deed is done;
And now calls fame and glory begged by time
To conquer for my God His will divine.
What fate awaits us all is heaven writ,
And for as well my King and Queen I pit
Myself against the sea, for am I man
Of honor, duty bound, and if God's plan
Makes dutiful my death, I'll savor it
Until my soul is gone, my flesh unlit.
For now I will not think of end and doom,
For Christian ways Taínos must assume,
Or they will perish by my will and wit.

The year before, on his first voyage, the Santa Maria had
run aground at Hispaniola, and Columbus had to leave
about forty men behind because the captain of the Pinta
had taken his ship elsewhere, without permission, and the
Nina could not carry them. Sometimes, uncivilized people
behave more civilized than civilized people.

Colombo Viaja a Hispaniola (Nov 22, 1493)

Dos dias sin una señal nativa,
mientras que Hispaniola me llama;
a donde encontraré yo mi fama,
que Madre España, voz imperativa,
exige vencer a la voz primitiva.
Está escrito en el cielo, por obra real,
el destino de todo, lo rudimental,
y busco mi gloria, como hombre de honor,
en nombre de Dios, el gran redentor,
por gestos amables, o poder del puñal.
Te ruego, Señor, por mi vida espiritual,
Los Indios irán por medio cristiano,
o perecerán, si es lo contrario,
y todo en tus manos, mi Rey celestial.

El año anterior, en su primer viaje, la Santa María había encallado en Hispaniola, y Colón tuvo que dejar unos cuarenta hombres por detrás porque el capitán de la Pinta había llevado su nave a otro lugar, sin permiso, y la Niña no podía llevarlos. A veces, las personas incivilizadas son más civilizadas que las personas civilizadas.

Fate: The Unknown Deity

It comes from nowhere and to nowhere goes,
This entity that rules all gods and men.
It simply is, no matter where or when,
And by some will, to either friends or foes,
To many, blessedness, to others—woes.
Wherever innocence and good prevail,
The strong are tempted by the meek and frail
So power wielded by the cruel hand
Makes waste of people of a noble land,
And then, to wit, a genocidal tale.
Colombo's gone and long has he set sail,
But there are forces lingering in wait
To steer the players in this game of late,
Come Fate, Taínos, fight to no avail.

The Taínos loved their gods, but there was one god they
knew nothing about, nor had they counted on the
existence of such a god, if you can consider for one
moment that *destiny* is such a being. Such a being would
control all things, including the Taíno deities, making
believing even in one God useless.

Destino: Dios Desconocido

Llega—de todas o ningunas partes,
tal entidad que hasta dioses domina;
y simple eres, con o sin rutina,
como solo dueño de todos los artes,
a unos mal y a otros bien repartes.
Son los inocentes, al fuerte, tentación,
al empuñar la espada, maldición,
hace residuos de la gente noble,
luego, genocidio, el cuento pobre,
y después, el asesino, pide bendición.
Colombo, a Hispaniola, su dirección,
velozmente sigue por su camino,
tarde o temprano llegará, Destino,
muerto el Taíno por tu obligación.

Los Taínos amaban a sus dioses, pero había un dios del
que no sabían nada, ni habían contado con la existencia de
tal dios, si se puede considerar por un momento que el
destino es tal ser. Tal ser controlaría todas las cosas,
incluyendo las deidades Taíno, haciendo que hasta la
creencia en un solo Dios sea inútil.

Renaming Boríken to San Juan Bautista

What do the gods need with an island claim?
But they are gods, as such, give life and death.
Lord Yúcahu can take back with one breath
What paradise was given. Bare no shame,
And honor gods, who give a greater name,
San Juan Bautista, path to heaven's gate,
Fair island now the noblest of the great.
Oh, Atabey, who birthed Lord Yúcahu,
What is this Isabella Queen to you?
Will past that is all fall under her weight?
Will I become a vessel filled with hate?
My life belongs to deities I love,
But by my dreams, oh Misty One above,
I do not understand this god called Fate.

If my god is a god, then my god knows my island's name, and to change it is to take my identity away. This Queen Isabella must be a goddess as well. It is in her name that my island is no longer called Boríken. If fate is the highest god, then I am the lowest of all things, a thing with a name no more, and I am lost.

El Nuevo Nombre de Borikén

¿De que le vale a los dioses mi tierra?
Pero, como dioses dan muerte o vida,
la voz de Yúcahu, grave o conmovida,
puede bendecir a mi isla entera,
o quizás undirla si lo quisiera.
San Juan Bautista, nombre misterioso,
tal como son los dioses tenebrosos,
y también la diosa Isabella de España,
que a Yúcahu y a Atabey acompaña,
son nombres de ellos los poderosos.
Espero que sean todos bondadosos,
aunque un nombre dicen que es dañino,
a quien no entiendo, ese dios, Destino,
que de frente vi en mis sueños temerosos.

Si mi dios es un dios, entonces mi dios conoce el nombre
de mi isla, y cambiarlo es quitarme mi identidad. Esta
Reina Isabella también debe ser una diosa. Es en su
nombre que mi isla ya no se llama Borikén. Si el destino es
el dios más alto, entonces yo soy la más baja de todas las
cosas, un ser sin nombre, y estoy perdido.

Hospitality: A Curse to the Taíno

Such naiveté for all who are naïve
In life, and shame to those who know this well.
The gods know much of heaven and of hell,
Of graces, and of power to deceive,
Where wisdom, if it lacks, is cause to grieve.
All hail and welcome to your garden—Snake!
Whose frigid warmth and soul your hearths remake.
There, Innocence, Taíno child, will reign,
Where love for the divine will cause you pain,
For hospitality's a grave mistake.
Do dream, but from your nightmare wake,
If waking is a deed within your grasp.
You may find venomous the snake you clasp,
But as the child, you love for heaven's sake.

To be truly hospitable is to welcome everyone into your
garden. Gods are certainly most welcome. The gods must
be pleased. We are the children of our deities.
Unfortunately, no one knows when the hidden snake will
strike, but we must love our gods just the same.

La Maldición de la Hospitalidad

Los dioses saben del cielo y del infierno,
de gracias, y del poder para engañar,
y como a los ingenuos fascinar,
con sabiduría, y abrazo tierno,
ofreciendo, por fuera, amor eterno.
La hospitalidad es un grave error,
cuando llega la serpiente a tu jardín,
ofrendas al principio, y luego fin,
con su fría calidez, ofreciendo calor,
después despiertas y encuentras el terror.
Creer en dioses es conocer el dolor,
y en pesadillas lo conocerás,
pero como niño, siempre amarás
la víbora que dice que es redentor.

Ser verdaderamente hospitalario es dar la bienvenida a
todos al jardín. Los dioses ciertamente son bienvenidos.
Los dioses deben estar complacidos. Somos los hijos de
nuestras deidades. Desafortunadamente, nadie sabe
cuándo la serpiente ocultada golpeará, pero debemos
amar a nuestros dioses de todos modos.

A Peaceful Taíno

Invite all to the banquet of the high
And noble men, for one good man so speaks
For all, with openness of heart, which seeks
The presence of the gods, to fill the eye
With all the gleam of stars beyond the sky.
Colombo, god of gods, eternal light,
Embrace your children, innocent delight,
For you are Lord, oh Yúcahu, come here
To take your loyal blood and kin to where
The Sun will rise above the darkest night.
There, Mother Atabey, pure and bright,
Your presence grace us ever from within,
Engulf your children, free of worldly sin,
And guide the hand of wisdom and the might.

Columbus is considered the god all the Taínos have been
waiting for to take them to paradise in heaven, unaware
that the foot stomping the hill is not asking to see the
queen that governs the ant, and the opposite of heaven is
hell.

Un Taíno Pacífico

Un buen Taíno alaba su gente,
y siendo de familia anfitriona,
considera el bien de cada persona,
buscando a servirle dichosamente,
así sea un hombre o dios presente.
Yúcahu y Colombo, siendo igual,
alabó el Taíno a su Rey Celestial,
celebrando así su buena fortuna,
el oro del sol, y la plata de luna,
la salvación de su vida espiritual.
Y el hijo Taíno, entrega total,
le pide al fin a su dios poderoso,
la vida eterna al morir dichoso
libre de todo pecado terrenal.

Colón es considerado el dios que todos los Taínos han
estado esperando para llevarlos al paraíso en el cielo, sin
saber que el pie pisoteando la colina no está pidiendo ver
a la reina que gobierna a la hormiga, y lo contrario del
cielo es el infierno.

Colombo's Letter to Queen Isabella

They are a reachable and fawning breed,
Your Highness, children to be disciplined.
They do not carry arms, nor are inclined
To know them, and I swear, by honor's creed,
They will be servants to your will and need.
Their generosity is to a blame—
Impressive, and will bow to your good name,
For they will humbly give all they possess,
Exchanging precious things for things far less,
Since they deem Yúcahu and I the same.
For you, my Queen these people will I claim,
To save their lives through Godly Christian ways,
So they may serve you well, and give you praise,
And kneel before you—proud, absolved, and tame.

Columbus, on October 14, 1492, in regards to the Taínos,
states in his journal, "with fifty men they can all be
subjugated and made to do what is required of them." [1]
One who knows one is thought of as a god may be
tempted to rule as a god, good or bad.

Carta de Colombo a la Reina Isabella

Son una raza dulce y alcanzable,
niños, mi Reina, para ser disciplinados.
No llevan armas, ni están inclinados
para conocerlas, (punto razonable),
y serán muy obedientes, (indudable).
Es, sin una culpa, la generosidad,
dando lo que poseen, con amabilidad,
cosas bellas por cosas de menos valor,
y todo alegremente, y con tanto amor,
que conquistarlos sería fácil, Majestad.
Con sus gestos de honor y amistad,
para ti, Reina, estas personas reclamo,
y por España, y el Dios que yo amo,
que sea todo bajo su voluntad.

Colón, el 14 de octubre de 1492, hablando de los Taínos,
afirma en su diario, "con cincuenta hombres todos pueden
ser subyugados y obligados a hacer lo que se les pide". [1]
Persona que conoce que es considerado como un dios
puede ser tentado a gobernar como un dios, a la buena o a
la mala.

41

A Peaceful Borikén

The golden sands of Borikén lie still
While soft waves of the ocean kiss the shore,
And is the sun agleam, like ancient lore,
Resplendent as Lord Yúcahu's own will—
In every valley, and in every hill.
There parrots make their nests in Kapok trees,
While hammocks swing against the cooling breeze,
And in the distance, little ones at play
Make use of all the mischiefs of the day,
Against the Nightingale's soft melodies.
There is no greater bliss than gods at ease
That for their love of children sing sweet songs,
So every creature knows where it belongs,
And relish comfort in the gods they please.

Yúcahu is truly a benevolent god, taking care of all his
creations, including man. Each native is happy in his own
little world, but there is a larger world, a world beyond
their grasp. Sooner or later, worlds collide, and the bigger
one will rule.

Un Borikén Tranquilo

Son playas doradas las de mi Borikén,
costas besadas por las aguas del mar,
suaves ondas que me quieren abrazar,
y la palma contenta con su vaivén,
son memorias de viejos cuando eran joven.
Y en las granjas, los niños en sus juegos,
algunos tímidos y algunos fuegos,
hacen sus maldades de la nueva época,
sin saber a quienes el destino toca,
siguiendo tradiciones de sus abuelos.
Felices serán los dioses en los cielos
que con amor a sus niños les cantan,
y obras cumplidas, luego descansan,
gozosos con las cosechas de los labriegos.

Yúcahu es verdaderamente un dios benevolente, cuidando
todas sus creaciones, incluyendo al hombre. Cada nativo
es feliz en su pequeño mundo, pero hay un mundo más
grande, un mundo más allá de su alcance. Tarde o
temprano, los mundos chocan, y el más fuerte gobernará.

An Old Taíno Prays to Maboya

Be merciful great serpent of the sky.
Keep stormy winds upon our foes at sea,
That they may perish to your nature's glee,
And with their water crafts sink by and by
Beneath the waves where other evils lie.
From Hispaniola words have come to ear,
From kin who say our future is unclear,
For even Yúcahu has fervid mind
To punish children with a hand unkind,
Though purest are their hearts to gods held dear.
So brace your hand, malicious one, and hear,
Since devil knows a devil which is worse,
Do spare my people from this foreign curse,
And you will be the only god I fear.

The horror stories from Hispaniola have reached Borikén,
and the Taínos seek help from Maboya, a mischievous god,
who destroys crops and seduces women in their sleep.
Maboya is also the serpent god who brings hurricanes.
Maboya is a small devil compared to the devil of the
Spaniards.

Las Oraciones de un Taíno Viejo a Maboya

Maboya, cruel serpiente, ten piedad,
haz tormentas contra mis enemigos,
que les sirvan las aguas como castigos,
y bajo las ondas, con toda frialdad,
dejar que se hundan por tu alegre maldad.
Dicen que nuestro futuro es incierto,
y aquel, en sangre, su cuerpo cubierto,
Se ha dado cuenta, la condenación,
que diablos traen de la extraña nación,
dejando mi raza perdida por cierto.
Te entrego mi alma, corazón abierto,
Si haces por mi una tumba del mar:
ahogando diez dioses, con todo dar,
!Por cada Taíno que se haya muerto!

Las historias de terror de Hispaniola han llegado a Borikén,
y los Taínos buscan ayuda de Maboya, un dios travieso,
que destruye cultivos y seduce a las mujeres mientras
duermen. Maboya es también el dios serpiente de los
cielos que trae huracanes. Maboya es un pequeño
demonio comparado con el diablo de los españoles.

No Tears for a Fallen God (May 20, 1506)

It seems a god has fallen, and this god
Has sailed away to Valladolid Spain,
Two flags there flown, one—honorable fame,
Which all the world will know is false façade;
The second—sinful, gained by spur and rod.
No tears for unheroic souls will flow,
For people of great honor truly know
The trees of righteousness and noble deeds
Are all from heaven and of moral seeds,
And rotten fruit from rotted stock will grow.
Aye! Tributes none! To raging depths below!
Colombo's body be commended still,
For only God's last intervention will
Absolve his acts of tyranny and woe.

Columbus has died, but no tears will be shed for a
tyrannical and vicious god who was no god, and assuredly
no hero to the Taínos. Honorable people know who is
worthy of being loved, no matter what part of the world
they live in. Even the Taínos know this to be true.

Un Dios Ha Muerto (May 20, 1506)

Ese dios, Colombo, regresó a España,
Su honradez una falsa fachada,
adquirido por espuela y espada,
y cosas del Diablo que lo acompaña,
el que toca todo, y todo lo daña.
Ningunas lágrimas por él fluirán,
el es falso héroe que no buscarán,
porque hombre justo de acciónes nobles,
si es el héroe de todos los pobres,
y los Caballeros que lo alabarán.
Homenajes ningunos lo soportarán,
que arrojen su cuerpo al fondo del mar,
y solo su dios le podrá perdonar
los actos atroces que jamás se olvidarán.

Colón ha muerto, pero no se derramarán lágrimas por un
dios tiránico y vicioso que no era un dios, y sin duda
ningún héroe para los Taínos. Las personas de honor saben
quiénes son digno de ser amado, no importa en qué parte
del mundo viven. Incluso los Taínos saben que esto es
cierto.

Gold in San Juan Bautista (1506)

There must be evil in this substance gold,
Which sets the eyes of every god ablaze,
This kingly token, for the ones we praise,
That stirs up passions in the young and old,
But brings much fury for a thing so cold.
From Hispaniola word has come once more,
Of all the gods who've traveled here before,
One named, Juan Ponce, sailed and found our land;
And if his will is kinder than his hand,
May Borikén be isle the gods adore.
Agüeybaná, who yellow metal wore,
Great Chief Taíno, wise and spirit true,
By Mother Atabey he dreamt and knew
That even gods may birth a god of war.

If gold is more valuable to gods than human life, then man
has no use for deities; and if Juan Ponce is a god, let him
use his divine power to create this lifeless metal. It seems
war is waged even in heaven over a thing so cold.

Oro En San Juan Bautista (1506)

Debe haber demonios en el oro,
este símbolo de reyes, al ver, luego,
convierte los ojos de dioses en fuego,
que despierta pasiones por el tesoro,
tan cosa fría que ahora deploro.
Han llegado los cuentos una vez más,
de uno, Juan Ponce, que pronto vendrás,
sus buques navegando hacia mi tierra,
ese capitán de corazón de fiera,
dejando en si sus obras pésimas.
Madre Atabey, serán muchas tus lágrimas,
porque entre los dioses se puede ver
que un Dios de Guerra si puede nacer
para destruir los seres de buenas almas.

Si el oro es más valioso para los dioses que la vida humana,
entonces el hombre no tiene uso para tales deidades; Y si
Juan Ponce es un dios, que use su poder divino para crear
ese metal sin vida. Parece que la guerra tambien se lucha
en el cielo sobre una cosa tan fría.

In the Hands of Fate

Oh isle of solace, land of noble ways,
Enchantment once the eye of every Lord,
When by their hands all lay in just accord,
With grace bestowed upon your simple days,
And all was hailed to Lords with thanks and praise.
Whose subtle hands now touch your living frame?
Whose breath exhales to douse the soulful flame,
Who breathed before, and livened Borikén?
These are transitions to the now from then,
Foreordination of the meek and tame.
Arrived, which god will now be cast the blame?
Of all the deities, there's one, The Great,
To whom all bow, or kneel, the one called Fate,
Who cursed, and then the foreign devils came.

Does Destiny make a mockery of Life? Is it destined for
Life to accept a Spaniard cut with one swing of his sword a
Taíno man in half? Is it destined for Life to accept a
Spaniard run through with his blade the belly of a
pregnant Taíno woman? Is it destined for Life to accept a
Spaniard feed a Taíno infant to a hungry Mastiff? If so, Life
is swayed too easily and has forgotten his purpose. The
gods have forgotten their purpose as well.

En las Manos del Destino

Isla de mi corazón, de consuelo,
siempre la perla de todos los seres,
de los Taínos honrados y fieles,
vidas guiadas por manos del cielo,
pronto se acercará tu desconsuelo.
¿Cuál de todos los dioses te ha tocado?
¿Quién te dio vida Borikén adorado?
Pues con otro suspiro también da muerte,
cuyo aliento todo lo bueno convierte,
y deja el ser rendido o destrozado.
¿Que dios es ese, Destino llamado?
Se acerca muy pronto, predeterminación,
la conclusión de mi querida nación,
que por su bien tanto la he llorado.

¿A caso el Destino se burla de la Vida? ¿Está destinado a
que la Vida acepte que un Caballero corte con un golpe de
su espada a un Taíno por la mitad? ¿Está destinado a que
la Vida acepte que un Caballero traspase con su espada el
vientre de una Taína embarazada? ¿Está destinado a que
la Vida acepte que un Caballero le tire un niño Taíno a un
mastín hambriento? Si es así, la vida se tambalea
fácilmente y ha olvidado su propósito. Cada dios también
ha olvidado su propósito.

Juan Ponce Hears of Gold (1506)

From Hispaniola word has come once more,
Was found, this yellow metal, hard and cold,
That in the past, for many crimes untold,
Served death beyond the ravages of war,
To gentlest people vibrant theretofore.
San Juan Bautista, now in God's own grace,
Beleaguered will it find its noble place,
This island of enchantment, heaven born,
Predestined to be cast the child forlorn
By forces ripped from Mother's warm embrace.
Cast eyes upon his eyes, his evil face,
That for the sake of metal quite unkind,
Indulges tragedies of humankind,
And writes the history of his disgrace.

Juan Ponce is no different than the other gods in search of gold. He is as determined as Columbus was, and he will go to San Juan Bautista (Borikén) to get it, killing any Taíno man, woman, or child who gets in his way. Is there not one honorable Spaniard? Is there not one with a good conscience?

Juan Ponce en Busca de Oro (1506)

Desde Hispaniola—otra vez el cuento,
hay oro en Borikén, mala noticia,
aquel metal frío de la injusticia,
que provoca en dioses el ser violento,
y tormentas de muerte en cada momento.
Que tal, Juan Ponce, también va buscando
metal amarillo que va condenando
a toda mi raza a la esclavitud,
y que dice el Destino, con ingratitud,
es su voluntad ver sus niños llorando.
Es predestinado, el tiempo pasando,
Serán asediados mis hijos y vida,
Por estragos, en guerra, isla querida,
que todo dice son los dioses pecando.

Juan Ponce es tal como los otros dioses en busca de oro.
Está tan determinado como Colón, y se irá a San Juan
Bautista (Borikén) para conseguirlo, matando a cualquier
hombre, mujer o niño Taíno que se interponga en su
camino. ¿No hay un Caballero con honor? ¿No hay uno
que tenga buena conciencia?

A Taíno's Nightmare

Why do you, Spirit Mistress, send me dreams?
Such nightmares come from some infernal place,
Much filled with lack of honor and disgrace,
Where white-skinned devils stain our silver streams,
Our lush and palm-treed face—to grim extremes.
The onslaught comes like storms across the skies,
In ships accustomed to the dung, and flies
Which pester and come bite me in the night.
This thing called fate is sightless to our plight,
And deaf to all our prayers and our cries—
This god who all Taínos now despise,
Who rips the children from their mother's womb,
Whose villainy now makes my heavy tomb,
And revels in the tears of our demise.

Some dreams are good and some are nightmares. To
dream you are doomed is to admit there may be such a
thing as destiny, or a god called Destiny. Occasionally
Destiny comes to life and a fear-filled dream comes true.

La Pesadilla Del Taíno

Tales pesadillas vienen del infierno,
donde no hay honor ni vergüenza,
el fuego de a donde lo malo comienza,
y Maboya, el rey del pecado eterno,
es el diabólico sempiterno.
Asi, como una tormenta llegará
el ataque, que seguro vendrá,
en buques, inmundo, y lleno de moscas,
con sangres venenosas y tan grotescas,
mi propia sangre se envenenará.
El dios, Destino, jamás me llorará,
Cuya villanía, pesada mi tumba,
en todos mis sueños mi vida derrumba,
y que, con mi muerte, su alegría tendrá.

Algunos sueños son buenos y algunos son pesadillas. Soñar
que estás condenado a morir es admitir que puede haber
tal cosa como el destino, o un dios llamado Destino.
Ocasionalmente el Destino tiene vida y una pesadilla se
hace realidad.

A Taíno's Prayer to Juan Ponce (1508)

Oh great and noble Lord from out the sky,
I welcome you with open arms and heart.
Forgive my kin for Hispaniola's part,
Who disobeyed your wishes in reply,
And for contrition let me please your eye,
For am I humble servant to command.
Through love I seek your kind and gentle hand,
For you are Yúcahu, of Kingly line,
The son of Mother Atabey divine,
Sent down to grace the children of your land.
My will is but the will the gods demand,
Since all was granted by the breath you gave.
My life be guided well beyond the grave,
For when I last before your judgement stand.

More bad news from Hispaniola. Maybe a prayer will help
save the natives of Borikén from the fate of the other
islanders of the Caribbean. Maybe if forgiveness is sought
for the disobedience of other Taíno families the gods will
have mercy, Juan Ponce will have mercy. Even worse
news: prayers are seldom answered.

Oración de un Taíno a Juan Ponce (1508)

Mi fiel y noble Señor de los Cielos,
bienvenido, entrego mi corazón.
Por mis desobediencias, contrición
y perdón, mi busca de consuelos,
concédeme paz contra mis desvelos.
Siempre seré tu humilde servidor,
Porque eres Yúcahu, mi redentor,
y busco su amable y gentil mano,
por mi salvacion, y la de mi hermano,
siendo en misericordia tu gran amor.
Su voluntad es mi voluntad, Señor,
hijo de Atabey, madre divina,
y si mi muerte es la que domina,
ten piedad de este pobre pecador.

Malas noticias de Hispaniola. Tal vez una oración ayudará
a salvar a los nativos de Borikén del destino de los otros
isleños del Caribe. Tal vez si el perdón es buscado por las
desobediencias de otras familias Taíno los dioses tendrán
misericordia, y Juan Ponce tendrá misericordia. Peor
noticia: es rara la vez que las plegarias son contestadas.

Onward to San Juan Bautista (1508)

The last of all the islands unexplored,
A dream upon a sea of shattered dreams,
Where angels ponder God's intent and schemes
When men forsake the deity adored
And fragile life is tragically ignored.
Juan Ponce de León, for Queen and King,
Ambition driven, vitriolic sting,
In search of all the gold the Spaniards crave,
By willful bondage of the human slave,
Indulged the evils that the wicked bring.
The smothered Nightingale will never sing
Again, the parrots must engage in flight
And flee the tragedy of sinful plight,
To see not ending of a lovely thing.

Juan Ponce presses onward to San Juan Bautista, the last
island yet to be exploited. He seeks to find fame and
fortune as well as the favors of his king and queen. What
the king and queen of Spain cannot see they cannot
condemn. Seems the one God of Spain is also blind.

El Viaje a San Juan Bautista (1508)

La última isla inexplorada,
un sueño sobre un mar de sueños rotos,
angeles dudando la voluntad de Dios,
hombres matando la Virgen adorada,
la vida penosamente ignorada.
Juan Ponce, impulsado por la ambición,
picadura y mordaz, muerte y traición,
por esclavitud, animal humano,
en busca de oro, hasta contra su hermano,
deja siempre en sus pasos la revolución.
El Ruiseñor, en vuelo, y en canción,
y el Loro en la escena pecadosa,
verán el fin de una isla preciosa,
y el pobre Taíno en su terminación.

Juan Ponce sigue hacia San Juan Bautista, la última isla que queda para explotar. Busca la fama y la fortuna, así como los favores de su rey y reina. Lo que el rey y la reina de España no pueden ver no pueden condenar. Parece que el único Dios de España también está ciego.

Agüeybaná Greets Juan Ponce

Agüeybaná: I am your servant, Lord,
And I am pleased you walk my humble land,
Which now is in your will and to command,
With grace to me and mine, our faith's reward,
Oh, Greatest of the deities adored.
Juan Ponce: I am all you need to fear,
And for my Queen I claim all that is here.
She'll have her silver and her precious gold,
Which by your flesh is bought and sold,
Or cut will be your pound by my own spear.
Agüeybaná: Strange words that come to ear
Is language of the gods from heaven high!
Juan Ponce: All who fail will quickly die!
So have I said, the god you hold so dear.

Agüeybaná is not a fool. He is a wise and honorable man who must find a way to make friends with Juan Ponce to avoid what happened to his people in Hispaniola. Agüeybaná believes Juan Ponce is a god, and Juan Ponce knows this. No words are necessary when the sword is going to do the talking.

Agüeybaná Saluda a Juan Ponce

Agüeybaná: Yo soy tu siervo, Señor.
Estoy a tu voluntad y el mando,
Y me complace que estés caminando
por mi humilde tierra, para mí un honor,
recibir de los dioses el gran salvador.
Juan Ponce: Si, soy el que deberías temer,
porque en mis manos tengo el poder
para reclamar todo por mi camino,
tanto como el oro, metal divino,
asi sea por lanza por desobedecer.
Agüeybaná: Mi dios me habla, que placer—
!Es el lenguaje de los dioses del cielo!
Juan Ponce: Soy tormenta, cierto revuelo,
y dicho, no verás otro amanecer.

Agüeybaná no es un tonto. Es un hombre sabio y
honorable que tiene que encontrar una manera de
hacerse amigos con Juan Ponce en un intento por evitar lo
que le pasó a su pueblo en Hispaniola. Agüeybaná cree
que Juan Ponce es un dios, y Juan Ponce lo sabe. No hay
necesidad de palabras cuando la espada está a punto de
hablar.

The Nameless Taíno Woman Thinks

I'm muted being to be sold or bought,
Or given, as a thing, perhaps in kind.
Agüeybaná, for god, and peace of mind,
To please our deity with deed and thought,
Gave me, his sister, for a nuptial knot.
To god it is my duty to be bound,
Juan Ponce being Lord by heaven crowned,
And without question I must bare content
Or bear the anger of His discontent,
By rod or rope, or by His sword be downed.
My life was never mine, my name no sound.
Who will remember me when I am gone?
My life is meaningless when all is done,
No matter ocean or by god I'm drowned.

Agüeybaná gives Juan Ponce his sister for a bride. She has
a name but is never named. Her duty is to obey to please
her brother and most of all appease Juan Ponce in the
hopes of avoiding his getting angry with her people. It is a
hateful sacrifice she must endure. Maybe her name is now
well known in heaven.

Los Pensamientos De Una Mujer Taíno

Soy persona muda porque soy mujer,
cosa para ser vendida o comprada,
o regalada, tal vez, negociada,
para nuestra deidad poder complacer,
y su desagradez y furia detener.
Agüeybaná, mi Cacique Honrado,
en su sabiduría, tan venerado,
siendo hermana, dio para nudo nupcial,
dios y su hija contra lo tradicional,
previniendo el curso Taíno tomado.
¿Quién se recordará de mí pobre pasado?
Para dios es mi deber a ser atada,
nada en mi vida fui, y seré nada,
No importa mar o por dios que me ahogado.

Agüeybaná le da a Juan Ponce su hermana como esposa.
Ella tiene nombre, pero nunca se nombra. Su deber es
obedecer para complacer a su hermano y sobre todo
apaciguar a Juan Ponce con la esperanza de evitar que se
enfade con su gente. Es un sacrificio odioso que debe
soportar. Tal vez su nombre es ahora bien conocido en el
cielo.

Homeless in My Own Land

What land was given is in forfeit now
Where all that once was paradise is gone.
I'm slave to Spaniards with their hearts of stone,
Replete with thorns that in these devils grow,
Which bares the essence of a soulless foe.
How have these false creators come to be?
Their honor burns much like a barren tree,
A palm without the soothing fronds for shade,
Where baked by sun, a hellish bed is made
Of regal land that once belonged to me.
They came like storms from out the raging sea,
Yet shared I land with strangers metal cold,
And now my tears are for my young and old—
Taínos, homeless in our poverty.

Imagine having no right to what is yours, especially in your own island. Everything is being taken away and your paradise now belongs to the sky serpent Maboya, whose relatives are the Spaniards. Devils have less honor than thieves.

Sin Hogar en mi Propia Tierra

La tierra dádiva es reclamada,
lo que fue un paraiso se ha ido,
soy esclavo del corazón frígido,
repleto de espinas, la piedra afilada
en el Español, alma envenenada.
Por mi humilde tierra, que tristeza,
águila en vuelo que no regresa,
por el bebé ahogadizo, profundo mar,
mis hermanas en luto, tanto llorar,
por mis hermanos, perdida nobleza.
Nuestra historia a nadie le interesa,
raza ignorada por el resto del mundo,
a otras tierras va mi dolor profundo,
Taíno sin hogar es nuestra pobreza.

Imagina que no tienes derecho a todo lo que es tuyo,
especialmente en tu propia isla. Todo se está quitando y su
paraíso ahora pertenece a la serpiente del cielo Maboya,
cuyos parientes son los españoles. Se ve que los diablos
tienen menos honor que los ladrones.

Invisible Demons

Eruptions, pustules, ills of body, mind,
Our deities the Spaniards give away,
So two of three have fallen day by day,
For reasons none, except we are too kind,
And noble, proud, —by gods themselves defined.
Where is the love creators have for kin
Which heart to mind Taínos have therein?
The parrot does not kill its brood with hate,
Nor does the crystic shark destroy its mate,
Unlike these selfish gods who cruel have been.
What have we done to merit life as sin?
We give all we possess, in faith, and deed,
To sate our Lords with all they want and need,
And yet, their pestilence resides within.

The gods have brought their ailments with them. Two-thirds of the natives of the Caribbean Islands die. Those who survive fair no better. Living with the source of the disease is no better than dying from the disease. With death comes tranquility.

Los Demonios Invisibles

Traen males de cuerpo y de la mente,
nuestros dioses falsos de la mala España,
que dan la muerte y el Diablo acompaña,
que sin tocarles se me caen mi gente,
grave dos por cada uno viviente.
Soy el Taíno, demasiado amable,
que recibe de su dios, incontrolable,
el daño invisible, tormenta espiritual,
Y todo en punto con la punta fatal,
que ando muerto, alma inconsolable.
¿Qué hemos hecho, Dios incapturable?
Tu cruel castigo no lo comprendo,
y los Españoles que estoy sufriendo,
tienen adentro la plaga incurable.

Los dioses han traído sus dolencias con ellos. Dos tercios
de los nativos de las Islas del Caribe mueren. Los que
sobreviven no viven. Vivir con los seres que trajeron la
enfermedad no es mejor que morir de la enfermedad. Por
lo menos con la muerta llega la tranquilidad.

Urayoán Doubts They Are Gods

I am a noble chief, most proud and wise,
And question gods their immortality,
For life eternal needs not gold to be.
A god is simply god, without disguise,
Which I hold ultimate within my eyes,
That once were mine, but now I am ashamed,
And coldly shudder hence I hear you named,
Who killed my children, kith and kin, and wife,
And called them insignificant to life,
Then deemed no god is ever to be blamed.
Are lies the gods the lore had once proclaimed,
Of cloudless days and nights, and pleasant themes,
 I truly see you in Maboya's dreams,
Upon whose face I'll spit with hate untamed.

The actions of the gods are not godlike. Therefore,
Urayoán, a noble chief, questions their immortality,
especially when the gods favor a cold metal like gold over
the lives of their children. It is time to act like those
children who rebel against their parents, especially bad
parents.

Urayoán Duda La Inmortalidad de los Dioses

Soy el cacique noble y muy sabio,
dudando la inmortalidad de dioses
que buscan el en oro sus intereses,
haciendo del Taíno un adversario
y un dios con oro innecesario.
No creo en mi Dios, no hay confianza,
con mencionar su nombre me da vergüenza;
Un dios es simplemente un dios, sin disfraz,
y como puede ser un celestial capaz,
destrozando en el hombre su esperanza.
Si—contra los dioses tendré venganza,
por destrozar a mis hijos y a mi esposa,
Maboya se encargue de la fe tramposa,
y destruya en mi dios su mala crianza.

Las acciones de los dioses no son divinas. Por lo tanto,
Urayoán, un cacique noble, duda la inmortalidad de los
dioses, especialmente cuando los dioses favorecen un
metal frío como el oro sobre la vida de sus hijos. Es hora
de actuar como esos niños que se rebelan contra sus
padres, especialmente malos padres.

The Drowning of Diego Salcedo (1510)

That on the third day of the Lord's demise
The Son of God had shed His mortal shell
And rose above the turmoil of His hell,
Was test upon Salcedo's corpse to rise,
Since he was drowned, and bound to mortal ties.
Then three days vigilant they kept an eye,
For deities are not supposed to die.
However, day by day, the corpse lay still—
And not one breath, and not by strength or will,
Would see his spirit rise up to the sky.
That Spaniards were their gods was proven lie,
And all Taínos would then wage their war
To oust the tyrants from their island shore,
And hate with hate, Taínos made reply.

The Taínos were told Jesus Christ died on the cross and on
the third day he rose from the dead. This is a true sign of a
god. Coming back from the dead. So, several Taínos
drown Diego Salcedo and observe his corpse. If he is truly
a god, then in three days he too will rise from the dead.
Turns out dead men all rot the same.

Ahogan a Diego Salcedo (1510)

El tercer día de la muerte del Señor:
derramó Jesús su envoltura mortal;
Y misma prueba, Salcedo, espiritual,
ahogado y comprobado impostor,
hizo de su cadáver falso redentor.
Españoles como dioses: ¡espejismo!
Yúcahu y Bautista, ¡no son el mismo!
Cada uno de los Taínos, engañados,
ilusión total de ojos empañados,
llevándoles al fondo del abismo.
Pobre el Taíno, y su porteñismo,
también ahogado por lazos mortales,
por un ser humano, acciones inmorales,
por el Español y su mal egoísmo.

A los Taínos se les dijo que Jesús Cristo murió en la cruz y
al tercer día resucitó. Este es un verdadero signo de un
dios. Poder resucitar. Pues, varios Taínos ahogan a Diego
Salcedo y observan su cadáver. Si es verdaderamente un
dios, también en tres días resucitará. Resulta que los
hombres muertos se pudren todos iguales.

The Last Taíno Uprisings (1511-1513)

A stick against a sword, a rock upon
A cannonball, a tear beneath the sea,
In times of conquering or conquered be,
Is how the deed of genocide is won
In favor of the god who rages on.
Towards the precipice the futile fight,
The last of all the wax of candlelight,
Where dimmer by the moment, downward spend,
The flame sees evident its crucial end,
And in its very tears, there sinks its height.
Taíno woman, man, and child, affright,
Reach obsolescence on the edge of time,
And all are victims of a heinous crime,
Which beckoned death beneath the Spaniard's might.

The Taíno brings a stick and the Spaniard brings a sword.
The Taíno brings a rock and the Spaniard brings a cannon.
The Taíno flees on foot and the Spaniard runs him down
on horseback. The tears of all the Taínos of the world put
together will not catch the attention of the ocean.

Las Últimas Rebeliónes (1511-1513)

Palo contra espada, roca contra el cañón,
una o dos lágrimas bajo el ancho mar,
los Españoles llegaron a conquistar;
escrito el punto final de la rebelión,
casi genocidio de la gran nación.
¿Cuál de las dos naciones fue más civil?
La destrucción de una vida hecha fácil,
(la cera de vela en la noche oscura,
que en sus lágrimas se hunde su altura)—
hacia el precipicio fue la lucha inútil.
Hijos repulsados de su tierra fértil,
buen hombre, mujer, y niño Taíno,
jamás pensaban ver por su camino
el diablo en lucha contra la vida dócil.

El Taíno trae una ramita y el español trae una espada. El Taíno trae una piedra y el español trae un cañón. El Taíno huye a pie y el Caballero corre a caballo. Las lágrimas de todos los taínos del mundo no captarán la atención del océano.

Diaspora

It is the place I dearly love the most,
My Borikén, the heart within my soul,
The one the savage Spaniards came and stole,
And in their conquering, so high the cost,
The land of brave and noble men was lost.
My little hut, much like the parrot's nest,
Was peaceful place where I would sleep and rest.
As well, between the palms my hammock swung,
And in my reverie of wife and young,
I knew the paradise the gods had blessed.
Until I die and join my dispossessed,
For now I find myself across the sea;
Throughout my life an ache will follow me,
Sweet Borikén a memory at best.

Near genocide. Those who love Borikén must look upon
his shores from across the sea. It is the story of being cast
out of Eden when the serpent made its presence known.
Homesickness is a form of death.

Diáspora

Es el paraiso que mucho quiero,
mi alma y corazón, mi Borikén,
que el hombre salvaje con su desdén,
en su conquista con mano de hierro,
no soy más hijo si no extranjero.
Mi pequeña cabaña, mi loro en nido,
las noches en mi hamaca dormido,
entre las palmas son ahora un sueño,
siendo de mi isla no más el dueño,
en lugar, quien soy, un desconocido.
Ahora me uno al desposeído,
apesadumbrado a través del mar,
no sé si mañana podre regresar,
que triste memoria, Borikén perdido.

Casi genocidio. Aquellos que aman a Borikén observan sus
orillas desde el otro lado del mar. Es la historia de ser
echado fuera del Edén cuando la serpiente hizo su
presencia conocida. La nostalgia es una forma de muerte.

Speak Taíno

The storm has passed, now clucks the fruitful hen,
The rooster proudly crows. The sky serene
Climbs up the east, upon the mountain seen.
The Nightingale sings throatily again
To Spanish ladies and their gentlemen.
However, listen closely, hear the sound
Of haunting spirits over sacred ground,
Who speak Taíno, soft and bitter sweet,
And tell the story of the grave defeat
Of gentle people once by heaven crowned.
They wear their blood in heaven, crimson gowned,
Perhaps someday their god will paint them white,
If not the world see fit to wrong the right,
Wherever one Taíno can be found.

There are new people in Borikén (San Juan Bautista) now Puerto Rico. Ladies of Spain and their Caballeros have made a life for themselves. If you listen to the breeze at night you may hear the spirit of the Taíno sighing. Heaven permits this every now and then.

Habla Taíno

Brilla el sol, la tormenta ha pasado,
ahora canta el gallo con orgullo,
y la paloma llama con su arrullo,
y la Española, con su ser amado,
Contempla todo lo que Dios le ha dado.
Sin embargo, no es la brisa susurrando,
entre flores y los árboles llorando,
si no el alma del Taíno, su vida
una memoria, muy poco conocida,
seguro, poco a poco, disipando.
Si piensa en Dios, de rodilla orando,
rezale también al redentor divino,
por la bendición del noble Taíno,
que con el dios Destino va volando.

Hay gente nueva en Borikén (San Juan Bautista) ahora
Puerto Rico. Las señoras de España y sus Caballeros han
hecho una vida por sí mismos. Si escuchas la brisa de la
noche puedes oír el espíritu del Taíno suspirando. El cielo
lo permite de vez en cuando.

The New Children of Borikén

The past has passed, the island calls anew,
No tears are left for those who came before.
All worldly Nature is to bloom once more,
No matter flower or by flesh her brew,
And so, from Mother Spain, her children grew.
Now comes new blood for blood, innocent,
Exalted, brave, of dignified intent;
The farmer, sailor, fighter of the bull,
Old glass near empty and the new one full,
All by the crown and by one God's consent.
Leave not forgotten, most Taíno spent,
Their place in time by Fate has been assured,
Let none forget the tragedy endured,
And hail now Puerto Rico, beauty bent.

The past cannot be changed. Call it fate, karma, destiny,
God's will, or anything else, life goes on. Though memory
fade, history remains. Pass on the story lest you forget.

Los Nuevos Hijos de Borikén

El pasado del Taíno ya leyenda,
hemos derramado muchas lágrimas,
y Puerto Rico busca nuevas almas,
hijos, hijas, lo natural en ofrenda,
que ame a la isla y la defienda.
Asi, de la Madre España nacieron,
nueva sangre, que entre sangre crecieron,
la obligación de la naturaleza,
florecer hasta la nueva nobleza,
nunca olvidando a los que sufrieron.
Al gran olvido los dioses se fueron,
Un fuerte abrazo a Puerto Rico,
de todos los Borincanos el unico,
el encanto, por cual los Taínos murieron.

El pasado no puede ser cambiado. Llámalo karma, destino,
la voluntad de Dios, o cualquier otra cosa, la vida continúa.
Aunque la memoria se desvanece, la historia permanece.
Cuéntales la historia antes de que se te olvides.

Bibliography
Bibliografía

1Page 79 of Bourne, E.G. (Ed). (1906). *The Northmen, Columbus and Cabot, 985-1503: The Voyages of the Northmen, The Voyages of Columbus and of John Cabot.* New York: Charles Scribner's Sons.

2 Henke, L. (1949). *The Spanish Struggle for Justice in the conquest of America.* Philadelphia, PA: University of Pennsylvania Press.

3 Fuson, R.H. (1987). *The Log of Christopher Columbus.* International Marine, Camden, Maine.

4 Middeldyk, R. A. (2011). *The History of Puerto – From the Spanish Discovery to the American Occupation.*

5 Bercht, F., Brodsky, E., Farmer J.A., Taylor, D. (Ed.). (1997). *Taíno, Pre-Columbian Art and Culture from the Caribbean.* The Monacello Press, El Museo Del Barrio.

6 Rouse, I. (1992). *The Taínos, Rise and Decline of the People Who Greeted Columbus.* Yale University Press, New Haven & London.

7 Griffin, N. (1992). *Bartolomé de las Casas, A Short Account of the Destruction of the Indies.* Penguin Classics.

OTHER BOOKS BY THE AUTHOR

A Reason for Rhyme
ISBN: 978-0615566924

The Suicide Sonnets
ISBN: 978-1467931281

Count Edweird Lefang's Rhymin' Halloween
(funny cover)
ISBN: 978-0615565163

Count Edweird Lefang's Rhymin' Halloween
(signature cover)
ISBN: 978-1938094019

A Candle on Fire
ISBN: 978-1938094026

Poems for Edna
ISBN: 978-1938094033

The Burning of Bishop Nicholas Ridley
ISBN: 978-1938094040

For the Love of Nine Muses
ISBN: 978-1938094057

Author's Website

www.poeticon.com